캐릭터 소개

브브(브레이브) + 콜드

쿠인족으로 킹덤의 왕위를 잃은 쿠키 브브. 쿠인족으로 대마법사 위즈덤의 딸이며 브브가 가장 믿는 존재 콜드. 사이맥 연방정부 마법부의 첩보원이 되어 파인드래곤을 찾는 데 성공했지만, 마법현실 속에서 끝없는 서바이벌 대결 중이다.

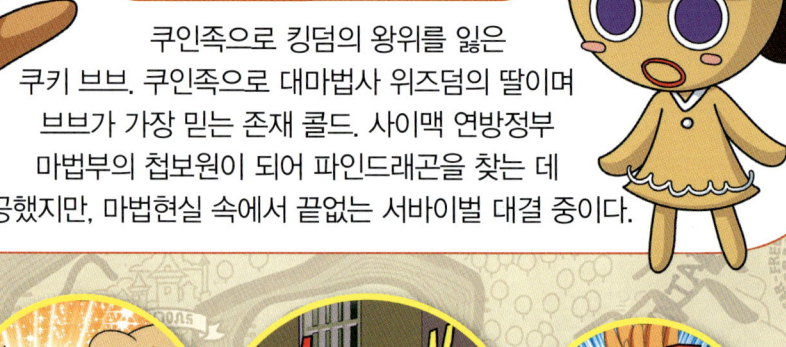

파인드래곤

훔친 〈쿠키의 성 레시피〉를 통해 대지마법을 완성한 쿠키. 마과학을 완성해 무엇이든 실현할 수 있는 마법현실을 만들어냈다.

호두

사건 현장이라면 어디든 나타나는 열정 탐정. 다이노사워와 환상적인 호흡을 발휘한다.

지난 줄거리

호두 탐정과 다이노사워는 뛰어난 관찰력과 추리로 푸른 숲 마을의 문제를 해결하고, 콜드는 마법현실 속에서 삐약이 선수를 맞아 실력을 발휘한다. 한편, 안드레아 신부의 요청으로 학생으로 위장해 흡혈귀 사냥에 나선 커피와 페스츄리는 뜻밖의 상황에 처하고 마는데…!

버블(커피) + 페스츄리

에스프레소의 커피마법을 통해 커피맨으로 변신한 쿠인족 버블. 단, 말을 하면 변신이 풀린다. 페이를 돕기 위해 요제의 왕관을 찾는 페스츄리를 따라 나선다. 왕관 찾기보다 퇴사마의 사명에 더 앞서는 수녀 페스츄리. 둘은 흡혈귀를 잡기 위해 숨어든 학교에서 큰 위기에 처한다.

페이

인간과 쿠키로 변신 가능한 요정이자, 마계 요얼황족의 후계자 페이. 요얼공화군의 요원 스트링젤리와 헤어진 후, 요제의 자격을 증명할 모험을 떠난다.

마몬

천사인 척 라떼에게 접근한 후, 다이노사워에게 정체를 들킨 악마. 가비엘 천사에게서 빼앗은 커피잔을 보관한 '보이지 않는 문'의 열쇠를 찾고 있다.

다이노사워 + 라떼

마몬에 의해 예전 기억을 잃은 라떼. 라떼의 기억을 되살리기 위해 어쩔 수 없이 마몬을 돕는 다이노사워. 마을의 미스터리한 일들을 해결하며, 흩어진 열쇠를 얻고 있다.

차 례

1화 별에서 온 천사 —5
브브의 명소 탐험① | 남아메리카 대륙 남쪽 끝 도시 **우수아이아** —23

2화 외딴 탑의 까마귀 —31
브브의 명소 탐험② | 칠레 남단 마젤란 해협의 도시 **푼타아레나스** —35

3화 사랑스러운 게 좋아! —61
브브의 명소 탐험③ | 유라시아 대륙의 가장 서쪽 끝 **호카곶** —74

4화 패션 모델 브브 —95
브브의 명소 탐험④ | 스리랑카의 대자연 **호튼 플레인스** —114

5화 목 없는 기사 —123
브브의 명소 탐험⑤ | 덴마크 북쪽 끝 항구도시 **스카겐** —145

에필로그 커피향 나는 꽃 —153

● 세계 역사 탐험 —157
세상의 끝이라 불리는 곳

● 미스터리 취재 노트 —158
남아메리카 최남단 파타고니아

• 1판 1쇄 인쇄 | 2023년 5월 22일 • 1판 1쇄 발행 | 2023년 5월 30일 • 글 | 동암 송도수 • 그림 | 서정은 • 발행인 | 심정섭 • 편집인 | 안예남 • 편집장 | 최영미 • 편집 | 이은정, 손유라, 한나래, 조문정, 허가영 • 콘텐츠 | 장효진 • 표지 및 본문 디자인 | 이명헌 • 브랜드마케팅 | 김지선 • 출판마케팅 | 홍성현, 김호현 • 제작 | 정수호 • 발행처 | 서울문화사 • 등록일 | 1988. 2. 16. • 등록번호 | 제2-484 • 주소 | 140-737 서울특별시 용산구 새창로 221-19 • 전화 | (02)791-0708(판매) (02)799-9147(편집) • 팩스 | (02)749-4079(판매) • 출력 | 덕일인쇄사 • 인쇄처 | 에스엠그린 ISBN 979-11-6923-768-0(67980), 978-89-263-9581-3(세트)

*해괴하다 : 크게 놀랄 정도로 정상적이지 않고 별나다.

페스츄리!
안드레아 신부님!

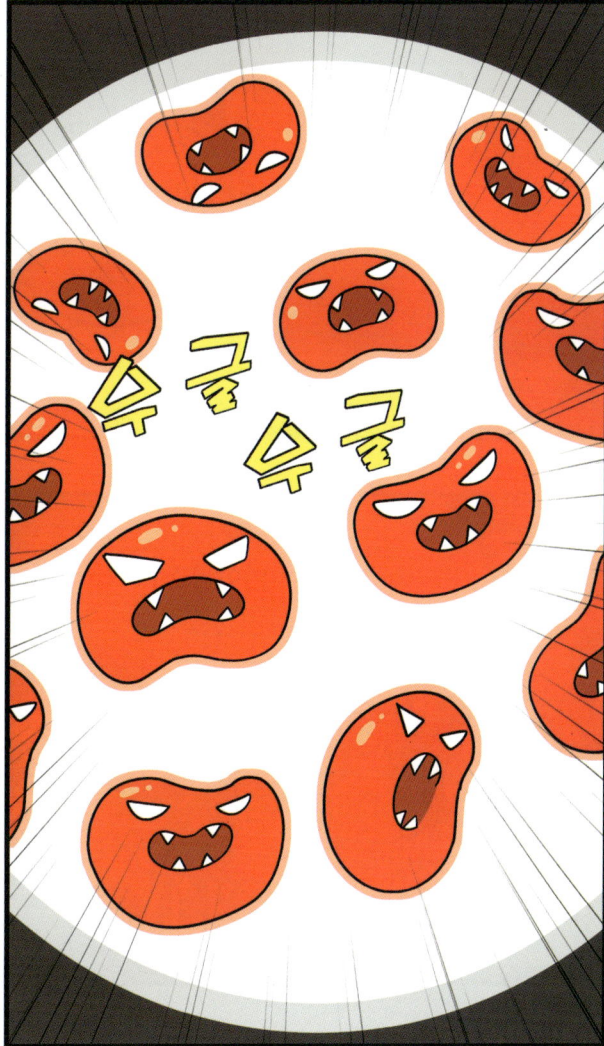

브브의 명소 탐험 ❶

남아메리카 대륙 남쪽 끝 도시, 우수아이아

우수아이아 도시 풍경

바위섬에서 쉬고 있는 바다사자 무리

우수아이아는 아르헨티나의 티에라 델 푸에고 주에 있어요. 길로 갈 수 있는 가장 남쪽의 도시이며, 남극과 가까워요. 그래서 '세상의 끝(핀 델 문도)'이라고 부르지요. 우리나라에서 우수아이아까지 가려면 미국 샌프란시스코를 거쳐 아르헨티나의 수도인 부에노스아이레스까지 비행기로 서른 시간, 그곳에서 국내선 비행기로 갈아타고 남쪽으로 4시간을 더 가야 할 만큼 아주 멀리 떨어져 있는 도시예요. 남극에서 가장 가까운 도시인 이곳은 겨울에는 평균 기온이 -1.3℃, 여름에는 9.6℃에요. 과거 이곳의 원주민들이 불을 피워 놓고 있는 모습을 본 유럽 사람들이 이곳을 티에라 델 푸에고, '불의 땅', '연기가 피어오르는 땅'이라고 불렀다고 해요.

아르헨티나 사람이 우수아이아에 처음 방문한 건 1873년이었고, 1880년대 금을 찾아 사람들이 몰려들며 인구가 늘어나기 시작했어요. 티에라 델 푸에고에는 첫 번째 이주민의 집과 물건을 그대로 간직한 카페가 있어 그 당시 사람들의 모습을 느껴볼 수 있답니다.

우수아이아에는 땅끝 투어와 트래킹, 산악자전거, 낚시를 즐기려는 관광객이 많이 찾아와요. 특히 티에라 델 푸에고 국립공원 트래킹이 유명하지요. '세상 끝 우체통'과 증기로 움직이는 작은 관광 열차를 만날 수 있어요.

또다른 유명 관광지는 비글 해협이에요. 비글 해협 투어에서는 바다사자와 펭귄을 꼭 닮은 황제가마우지를 볼 수 있어요. 펭귄 서식지에 내려 펭귄을 볼 수 있는 펭귄 투어도 많은 관광객이 찾는 곳이지요.

브브의 명소 탐험 ②

칠레 남단 마젤란 해협의 도시 푼타아레나스

푼타아레나스는 칠레 가장 남쪽 마젤란 해협에 있는 도시예요. 1927년부터 1937년까지는 탐험가 마젤란의 스페인 이름인 마가야네스로 부르다가 지금은 '모래밭의 곶'이라는 뜻의 푼타아레나스로 부르고 있어요. 이 지역은 19세기까지도 유럽 사람들의 영향이 미치지 못했어요. 그러다 1843년 칠레 정부가 마젤란 해협에 원정대를 보냈고, 1848년에 푼타아레나스가 세워지게 되었지요. 그 뒤로 유럽 이민자들이 이곳에서 양을 기르기 시작했고, 티에라 델 푸에고 일대에서 금광이 발견되었다는 소문이 퍼지면서 사람이 늘어났어요. 현재 푼타아레나스는 남극으로 가는 관문이랍니다. 푼타아레나스를 여행하기 가장 좋은 시기는 12월 말에서 2월까지인데 가장 유명한 명소는 토레스 델 파이네 국립공원과 마그달레나섬이에요. 파타고니아 빙산 남단에 자리한 토레스 델 파이네 국립공원은 웅장한 경치와 풍부한 야생 생물로 인기가 높아요. 옥색 물빛의 그란데 폭포와 페오에 호수, 그레이 빙하와 우뚝 솟은 파이네 산맥이 유명해요. 마그달레나섬은 푼타아레나스에서 북동쪽으로 35km 떨어진 섬으로 마젤란 해협 가운데 있어요. 마젤란펭귄만 6만 쌍 정도가 있다고 해요. 현재는 생태 보호를 위해 정책적으로 방문자들이 섬에서 1시간 이상 머물 수 없도록 하고 있지요.

푼타아레나스 도시 전경

마그달레나섬의 마젤란 펭귄들

*사례 : 말이나 선물로 상대에게 고마운 뜻을 나타냄.

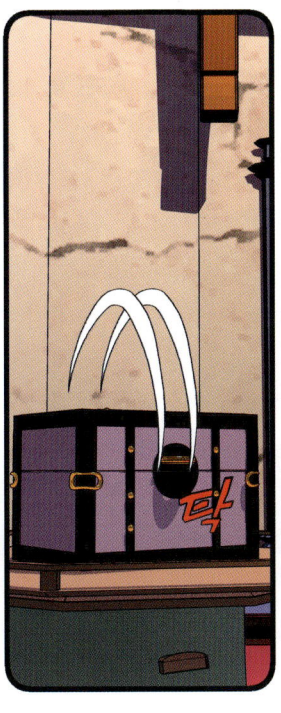

어쩌면 그자의 말이 맞는지도 몰라. 신은 그의 편일지도….

말도 안 돼요. 우릴 속이고 있는 겁니다.

어떻게?

분명히 빨간 사탕과 파란 사탕 하나씩을 넣는 걸 보았네.

그리고 나는 줄곧 파란 사탕만 뽑았고 말이지.

손을 펴 보시죠.

떠, 떨리네요.

*뜸들이지 말고 빨리 펴요!

*뜸들이다 : 어떤 일이나 말을 얼른 하지 않고 사이를 두거나 머뭇거리다.

호카곶입니다.

아, 너무나 사랑스러운 곳이에요~.

브브의 명소 탐험 ❸
유라시아 대륙의 가장 서쪽 끝, 호카곶

포르투갈의 리스본에 있는 대서양 연안의 곶이에요. 곶은 육지에서 바다로 튀어나온 땅을 가리키는 말이에요. 삼면이 바다로 둘러싸인 땅을 가리키는 반도와 비슷하지만, 그보다 작은 땅에 사용하는 말이죠. 호카곶은 유라시아 대륙 가장 서쪽 지점의 끝으로 리스본에서 42km 떨어진 곳에 있어요. 호카곶은 포르투갈이 보호 구역으로 지정한 신트라 카스카이스에 속해 있는데, 깎아 세운 듯 가파른 절벽으로 이루어진 해안 풍경이 아름다워 관광지로도 유명해요.

중세 사람들은 아메리카 대륙이 발견되고 지구가 둥글다는 것을 알기 전까지 포르투갈이 세상의 끝이라고 여겼어요. 호카곶 너머 바다에는 낭떠러지가 있고 세상이 끝난다고 생각해서 이곳을 육지의 끝, 바다의 시작이라고 믿었지요. 호카곶에는 십자가 기념비가 세워져 있는데 여기에는 16세기 포르투갈 시인인 루이스 바스 드 카몽이스가 쓴 '여기에서 땅이 끝나고 바다가 시작된다.'라는 시 구절이 새겨져 있어요. 이곳을 찾은 관광객들은 다양한 언어로 대륙의 서쪽 끝에 왔다는 증명서를 발급받을 수 있답니다.

▶ 절벽으로 이루어진 호카곶의 해안 풍경

▶ 호카곶에 있는 십자가 기념비

저런 곳에서 패션쇼를 해야 하는데…

격투기 하기는 아깝다~.

선수를 소개하겠습니다.

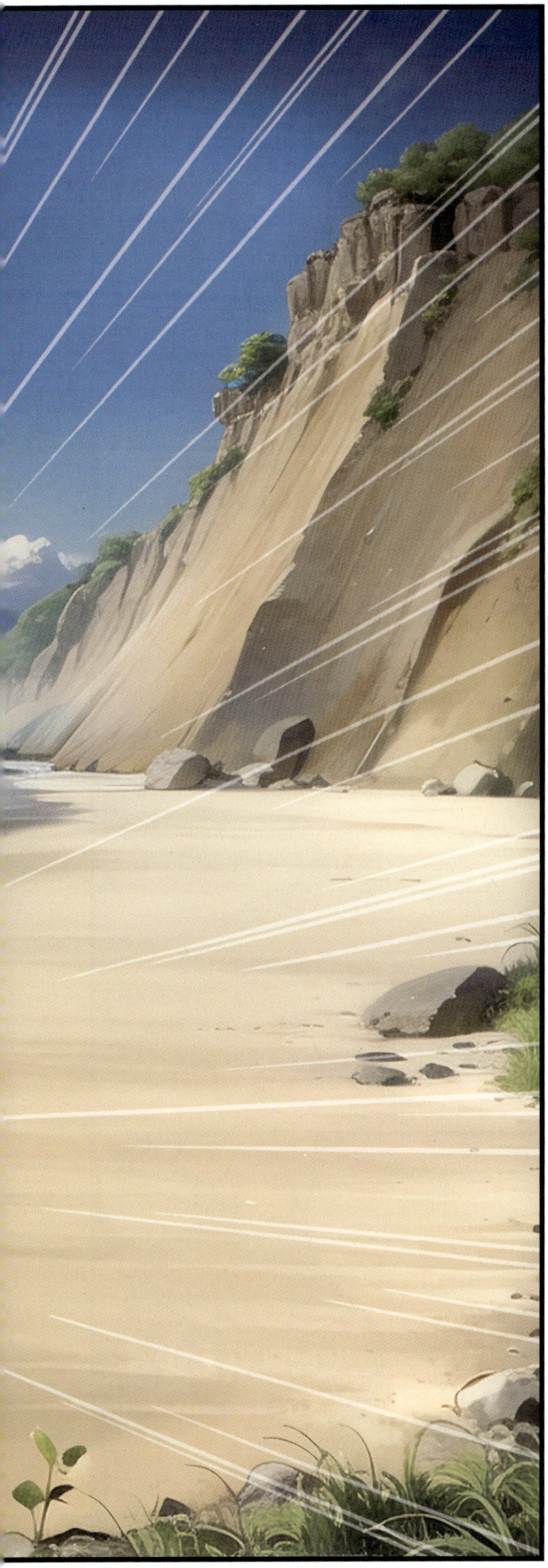

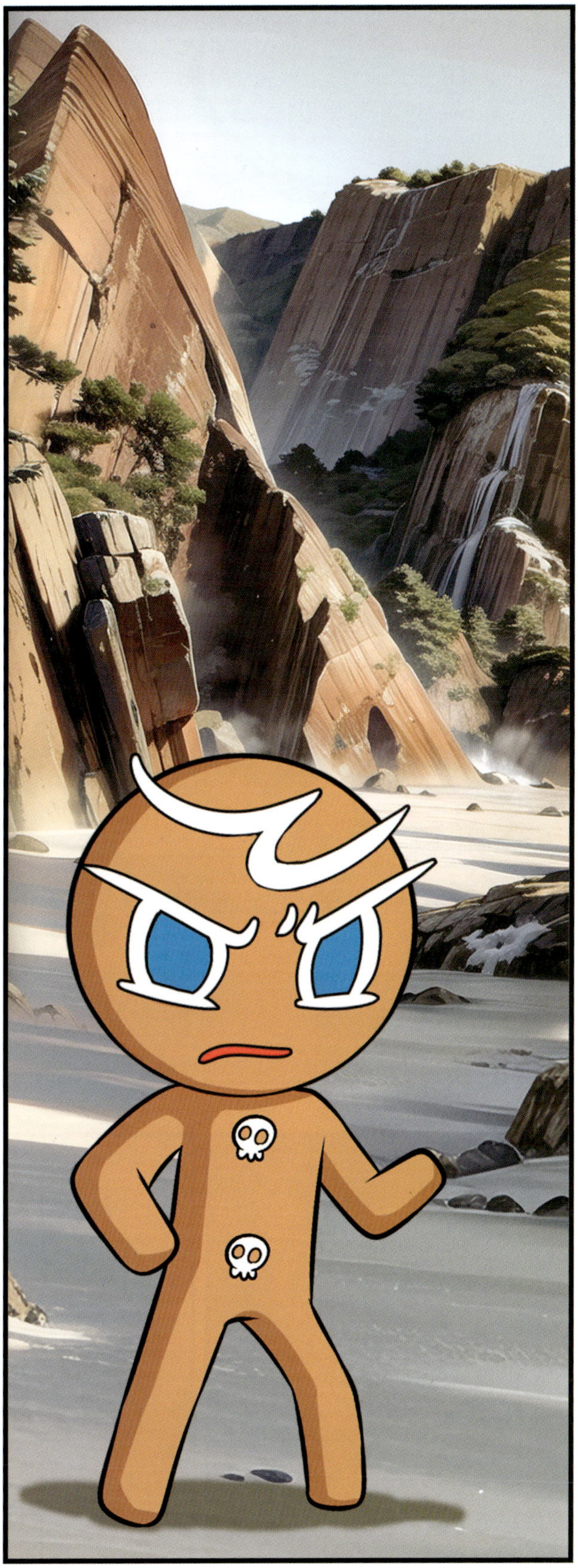

무, 무시무시한 상대가 나왔군요.

- ◆ 이름 》》 짱돌바위
- ◆ 종류 》》 바위거인
- ◆ 직업 》》 바위거인이 직업임
- ◆ 필살기 》》 뭐든지 격파!

어때, 이제 실감이 나지?

넌 이제 끝장이야.

짱돌바위 선수의 격파 영상이 방금 *입수되었습니다. 시청자 여러분께 보여 드리죠.

*입수되다 : 손에 들어오다.

미, 믿어지지 않아요.

고층 아파트를 주먹 한 방에…!

봤지, 꼬마야?

항복할 기회는 지금뿐이다.

영상 만든다고 돈 좀 들었겠네.

다음번엔 내가 *히말라야 산맥을 부수는 영상을 만들어 보여 줄게.

*히말라야 산맥 : 세계 최고봉인 에베레스트 산을 비롯하여, 해발 8,000m 이상의 봉우리 14개가 포함돼 있다.

꼬마야, 체력 훈련하니?

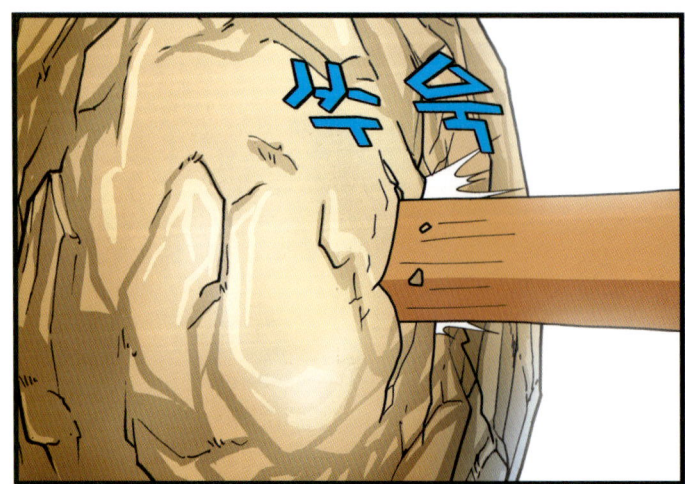

돌과 함께 날려 주마!

날아가는 건…

너다!

*페이크 : 경기에서 상대를 속이기 위한 동작.

아, 차마 볼 수가 없군요. 지금쯤 빈대떡이 되었을 거예요.

브브의 명소 탐험 ④
스리랑카의 대자연, 호튼 플레인스

호튼 플레인스 국립공원은 해발 2000m~2500m인 스리랑카 중부 고원에 위치하고 있어요. 고원 지대이기 때문에 열대기후인 스리랑카의 다른 저지대보다 훨씬 서늘한 기후로 겨울 저녁에는 얼음이 생기기도 한답니다. 호튼 플레인스라는 이름은 영국이 다스리던 1831년부터 1837년 실론 섬의 총독이었던 로버트 윌 모트 호튼의 이름을 따서 지었어요. 호튼 플레인스에는 750여 종의 식물과 100여 종의 동물들이 살고 있어요. 특히 순록과 닮은 스리랑카 삼바사슴 무리가 살고 있죠. 1969년에 야생 동물 보호 구역으로 지정되었다가 그 가치를 인정받아 1988년에 국립공원이 되었어요. 현재는 국립공원 내의 환경을 지키기 위해 비닐봉지와 플라스틱을 갖고 갈 수 없어요.

호튼 플레인스는 보통 가까운 도시인 누와라엘리야와 하푸탈레에서 툭툭이나 택시, 미니벤 같은 교통수단을 이용해서 갈 수 있어요. 9km의 트래킹 코스에서는 '세상의 끝'이라고 부르는 절벽과 탐험가 베이커의 이름이 붙은 '베이커스 폭포'가 유명해요. 고원 지대라 안개가 많이 끼기 때문에 풍경을 제대로 보려면 이른 아침에 여행하는 것이 좋답니다.

호튼 플레인스 강

베이커스 폭포

안개가 갈수록 짙어지네.

마을은 보이지도 않고….

두리번

며칠 후

브브의 명소 탐험 ⑤

덴마크 북쪽 끝 항구도시 스카겐

스카겐 도시 전경

스카겐에서 북쪽에 위치한 하얀 등대

스카겐은 덴마크의 최북단의 항구도시예요. '그레넨'이라고 불리는 스카겐오데반도에 위치해 있어요. 중세 시대 청어잡이 항구로 도시가 발달하기 시작했죠. 스카겐의 대표 관광 명소는 스카겐오데 자연센터예요. 시드니오페라하우스를 디자인한 예른 웃손이 빛과 바람, 물, 모래 등을 주제로 디자인하고, 아들 얀이 공사를 주도해 2000년에 완공했지요.

스카겐의 그레넨은 '세상의 끝'이라고 불려요. 그 이유는 그곳을 흐르는 북해와 발트해가 서로 다른 방향으로 흐르고 염분 차이로 섞이지 못해 하얀 물거품이 생기기 때문인데 멀리서 보면 물 색깔이 다르지요. 이 일대 해안은 바다가 얕고 암초가 있어 배들이 좌초되는 경우가 많았어요. 그래서 이곳은 두려움의 대상이었죠. 1561년, 간이 등대인 빛 시호기가 설치되고, 1747년 마을 북쪽에 벽돌로 '하얀 등대'가 세워졌어요. 이 등대는 1858년, 가까운 곳의 회색 등대로 대체되었고 '하얀 등대'는 1960년대에 복원되어 미술전시관으로 사용되고 있지요. 또한 스카겐 일대는 덴마크에서 가장 많은 새가 서식하는 곳이기도 해요. 전체 덴마크 조류 471종 가운데 367종이 살아가는 유럽의 대표적인 조류 관찰지랍니다.

세상의 끝이라 생각하니…

등골이 오싹해지네.

폐하, 저기 목 없는 기사가 옵니다.

목 없는 기사…!

페이는 잡았나?

물론이오.

*덧없다 : 보람이나 쓸모가 없어 헛되고 허전하다.

세계 역사 탐험

교과서 연계 ▶ [초등 사회] 6-2.1. 세계 여러 나라의 자연과 문화

세상의 끝이라 불리는 곳

가도 가도 끝이 없을 것만 같은 땅에도 결국 끝이 있어요.
그중에서도 빼어난 자연경관으로 사람들의 마음을 빼앗은 곳들이 있지요.
사람들에게 세상의 끝이라 손꼽히는 곳들을 살펴볼까요?

◀ 최남단 땅끝마을, 우수아이아

아르헨티나 티에라 델 푸에고 주 남쪽 끝에 있어 남극과 가장 가까운 육지의 끝이에요. 그래서 '세상의 끝'이라고 부르지요. 남극과 가까워서 여름에도 평균 기온이 9.6℃지만, 겨울에는 영하 1.3℃로 우리나라 겨울보다는 따뜻해요. 과거 이곳 원주민들이 불을 피워 놓고 있는 모습을 본 유럽인들이 '불의 땅, 연기가 피어오르는 땅'이라고 불렀지요. 이곳에서는 푸에고 국립공원 트래킹과 비글 해협 투어가 유명해요.

바다에서 본 우수아이아

마젤란 해협의 도시, 푼타아레나스 ▶

칠레 가장 남쪽 마젤란 해협에 있는 도시예요. 탐험가 마젤란의 스페인 이름인 마가야네스로 부르다 지금은 '모래밭의 곶'이라는 뜻의 푼타아레나스로 부르고 있지요. 이곳의 가장 유명한 명소인 토레스 델 파이네 국립공원과 마그달레나섬에서 웅장한 자연환경을 감상할 수 있어요. 특히 토레스 델 파이네 국립공원에는 옥색 빛이 도는 그란데 폭포와 페오에 호수, 우뚝 솟은 파이네 산맥이 유명하답니다.

푼타아레나스 도시

◀ 바다가 시작되는 호카곶

곶은 육지에서 바다로 튀어나온 땅을 말해요. 호카곶은 유라시아 대륙 가장 서쪽 지점의 끝으로 포르투갈의 리스본에서 42km 떨어진 곳에 있지요. 포르투갈이 보호 구역으로 지정한 신트라·카스카이스 자연공원에 속해 있는데, 대륙의 끝이라는 상징적인 의미뿐만 아니라 깎아 세운 듯 가파른 절벽으로 이루어진 해안 풍경도 아름다워 관광지로도 유명해요.

절벽이 아름다운 호카곶

덴마크 최북단 항구도시, 스카겐 ▶

스카겐의 그레넨 곶은 북해와 발트해가 만나는 곳이에요. 두 바다의 방향이 다르고 염분 차이로 하얀 물거품이 생겨서 서로 다른 바다라는 것을 한눈에 알 수 있지요. 스카겐 주변은 새가 가장 많이 사는 곳이기도 해요. 덴마크에 사는 471종의 새 가운데 무려 367종이 서식해 수많은 조류를 관찰할 수 있는 중요한 곳이기도 해요.

스카겐의 땅끝

미스터리 취재 노트

남아메리카 최남단 파타고니아

파타고니아는 나라도 아니고, 아마존처럼 특수한 자연환경으로 구분할 수 있는 지역도 아니야. 세찬 바람과 꽁꽁 어는 추위로 악명이 높지만, 11월부터 시작되는 여름에는 전 세계 여행객들이 파타고니아의 웅장한 풍경을 보기 위해 몰려들지. 파타고니아로 떠나볼까?

이빨 모양의 피츠로이 산

파타고니아 국립공원

파타고니아는 인류 최초로 세계 일주를 한 탐험가 마젤란이 원주민의 발자국을 보고 이름을 붙였다고 해. '커다란 발'이라는 뜻인데 원주민 말로 '황량한 해안'이라는 뜻도 있다고 하지. 남아메리카 대륙에 있는 파타고니아는 칠레의 푸에르토몬트와 아르헨티나의 콜로라도 강의 이남 지역을 말해. 파타고니아는 크게 칠레와 아르헨티나로 나뉘는데, 특히 칠레의 푼타아레나스와 아르헨티나의 우수아이아는 서로 누가 '세상 끝의 도시'인가를 두고 경쟁했어. 푼타아레나스는 한동안 탐험가 마젤란의 스페인 이름인 마가야네스라고 불렸어. 푼타아레나스 중심부 아르마스 광장에는 바로 마젤란의 동상이 세워져 있지.
파나마 운하가 생기기 전까지 푼타아레나스의 마젤란 해협은 유럽 사람들이 대서양을 지나 태평양 연안의 도시로 가는 가장 빠른 바닷길이었어. 푼타아레나스의 전성기도 그 무렵이었지. 커다란 양떼 목장이 들어서고,

매일 2미터씩 이동하는 모레노 빙하

국립공원에 있어. 모레노 빙하는 매일 2미터씩 이동하며 호수를 향해 무너져 내려. 여름에는 빙하가 떨어지는 장면을 더 자주 볼 수 있지.

금광을 발견했다는 소문이 퍼지면서 전 세계에서 사람들이 몰려들었지. 우수아이아는 '불의 땅'이라고 불리는 티에라 델 푸에고 섬에서 가장 큰 도시야. 우수아이아의 비글 해협은 생물학자 찰스 다윈이 타고 있던 비글호의 이름에서 따온 것으로 찰스 다윈은 이 배를 타고 5년간 항해하며 쓴 이야기를 <비글호 항해기>라는 책으로 만들었어. 이후 그는 생물의 진화에 대한 <종의 기원>을 썼는데, 바로 이 항해에서 <종의 기원>의 바탕이 된 많은 자료를 얻었다고 해.

마지막으로 볼 곳은 파타고니아의 최고봉인 피츠로이 산이야. 평소 구름과 안개에 가려져 있어서 원주민들은 이 산을 연기를 내뿜는 산 '찰텐'이라고 불렀어. 피츠로이 산은 예측이 어려운 날씨와 거센 강풍으로 인해 등반하기 쉽지 않아. 때문에 많은 관광객들은 아르헨티나의 작은 마을 엘찬튼에서 2시간 정도 크레킹로를 따라 가 피츠로이 산을 볼 수 있는 카프리 호수에서 피츠로이 봉우리와 그 주변의 경치를 감상하지. 특히 해가 뜰 무렵, 햇빛을 받아 붉게 달아오른 것처럼 보이는 모습은 '불타는 고구마'로 불리며 유명해.

파타고니아를 여행하며 인상 깊은 풍경은 바로 모레노 빙하야. 빙하는 파타고니아의 특징인데 크고 작은 빙하가 50개 이상 있고 남극과 그린란드 다음으로 많아. 모레노 빙하는 아르헨티나의 작은 도시 엘 칼라파테에서 1시간 거리에 있는 로스글라시아레스

피츠로이 산의 일출 모습

쿠키런 어드벤처 57권
출간 기념 이벤트

★선물 1★
언제 어디서나 간편하게 수납하는
설탕노움 에코백 15명 추첨

★선물 2★
허브맛 쿠키가 아끼는 화분 모양 그대로
허브맛쿠키 머그 세트 10명

★선물 3★
쿠키왕국의 왕관이 새겨진
킹덤 회중시계 5명

★ **응모 방법** : ① 오른쪽 QR코드를 스마트폰의 QR 코드 리더기로 스캔하기
　　　　　　　② QR코드 스캔 후, 링크로 들어가 〈쿠키런 어드벤처 57권〉 설문지에
　　　　　　　　꼼꼼하게 적어 제출하기
★ **응모 기간** : 2023년 7월 15일까지
★ **당첨자 발표** : 2023년 7월 27일 서울문화사 어린이책 카카오 채널 공지
　　　　　　　　(서울문화사 어린이책 공식 카카오톡 채널에서 게시글 공지)

© Devsisters Corp.

* 재미와 유익함으로 독자 여러분의 사랑에 보답하겠습니다. 서울문화사